BEI GRIN MACHT SICH IHR
WISSEN BEZAHLT

AF135924

- Wir veröffentlichen Ihre Hausarbeit,
  Bachelor- und Masterarbeit

- Ihr eigenes eBook und Buch -
  weltweit in allen wichtigen Shops

- Verdienen Sie an jedem Verkauf

Jetzt bei www.GRIN.com hochladen
und kostenlos publizieren

Bibliografische Information der Deutschen Nationalbibliothek:

Die Deutsche Bibliothek verzeichnet diese Publikation in der Deutschen National-
bibliografie; detaillierte bibliografische Daten sind im Internet über http://dnb.d-
nb.de/ abrufbar.

Impressum:

Copyright © 2019 GRIN Verlag
Druck und Bindung: Books on Demand GmbH, Norderstedt Germany
ISBN: 9783346236067

Dieses Buch bei GRIN:

https://www.grin.com/document/914538

Anonym

Überblick über das Sport- und Vereinsrecht. Beurteilung wirtschaftlicher Vereine, Haftung sowie Muster für einen Sponsoringvertrag

GRIN Verlag

GRIN - Your knowledge has value

Der GRIN Verlag publiziert seit 1998 wissenschaftliche Arbeiten von Studenten, Hochschullehrern und anderen Akademikern als eBook und gedrucktes Buch. Die Verlagswebsite www.grin.com ist die ideale Plattform zur Veröffentlichung von Hausarbeiten, Abschlussarbeiten, wissenschaftlichen Aufsätzen, Dissertationen und Fachbüchern.

Besuchen Sie uns im Internet:

http://www.grin.com/

http://www.facebook.com/grincom

http://www.twitter.com/grin_com

Deutsche Hochschule für
Prävention und Gesundheitsmanagement
Hermann Neuberger Sportschule 3
66123 Saarbrücken

Einsendeaufgabe

Fachmodul: Sport- und Vereinsrecht

Studiengang: Sportökonomie

Datum
Präsenzphase: 04.03.2019 - 06.03.2019

Studienort: **Düsseldorf**

Semester: **SS 2017**

Inhaltsverzeichnis

1 Grundlagen Sport- und Vereinsrecht

1.1 Beurteilung Wirtschaftlichkeit anhand Struktur, Organigramm und Satzung

Aus der Satzung des Rasenballsport Leipzig e.v. geht hervor, dass die Mitgliederversammlung aus sieben bis elf stimmberechtigten Mitgliedern besteht, die über das alleinige aktive und passive Wahlrecht der Besetzung der drei Mitglieder des Ehrenrates verfügen.

Dass dieser Ehrenrat, sowie der gesamte Vorstand des Rasenballsportvereins bei der „Red Bull GmbH" unter Vertrag stehen, lässt die Vermutung aufkommen, dass viele Entscheidungen zu Gunsten des Unternehmens ausfallen. Darüber hinaus wäre es möglich, dass Steigerung der Bekanntheit und das Aufbessern des Images im Fokus steht.

Falls die Vermarktung der Unternehmensprodukte tatsächlich Ziel des Rasenballsportvereins wäre, müsste der Verein aus dem Vereinsregister gestrichen werden (Reichert, 2016). Ein wirtschaftlicher Verein ist nach § 22 BGB ein Verein, dessen Zweck auf einen wirtschaftlichen Geschäftsbetrieb gerichtet ist.

Die operative Ebene, sowie dessen Funktionsstab gehören nicht unmittelbar zur Red Bull GmbH. Aus diesen Gründen können zwar die Rechte der Mitgliederversammlung eingeschränkt werden, gänzlich abgeschafft werden kann sie aber nicht.

Abschließend lässt sich sagen, dass es sich um einen nicht idealtypischen Verein handelt, aber auch, dass die Struktur, Organisation und Satzung laut § 21 BGB alle Voraussetzungen für einen nicht wirtschaftlichen Verein erfüllen.

1.2 Beurteilung Wirtschaftlichkeit anhand GuV

Im Folgenden wird das GuV-Konto analysiert, in dem alle Aufwendungen und Erträge aus dem Geschäftsjahr 2012/2013 aufgeführt sind.

Zu Beginn fällt auf, dass in zwei aufeinander folgenden Jahren ein negatives Geschäftsergebnis erzielt worden ist. Eine besonders auffällige Veränderung zwischen der 3. Und 2. Bundesliga liegt außerdem sowohl bei den Aufwendungen (von 140.000€ auf 1.793.000€), als auch bei den Erträgen (233.000€ auf 2.235.000€) durch Transfers vor. Im Gegensatz zu einem idealtypischen Verein, der seine Haupteinnahmen besonders aus Mitgliedsbeiträgen generiert, finanziert sich der Rasenballsportverein besonders aus den

Posten Werbung, mediale Verwertung und Spielertrag, was auf die Marketingziele der Red Bull GmbH zurückzuführen sein könnte. Außerdem fällt auf, dass der Merchandisingertrag in der dritten Liga beinahe doppelt so hoch war, als er in der zweiten Liga war. Auffällig ist dies, weil in einer höheren Spielklasse die Bekanntheit des Vereins zunimmt und dies in der Regel zu einem höheren Absatz solcher Artikel führt. Ein idealtypischer Verein profitiert zudem von einer Großzahl an ehrenamtlichen Mitarbeitern, die die Personalkosten des Vereins möglichst gering halten. Beim Rasenballsportverein Leipzig e.V. ist allerdings ein deutlicher Anstieg der Personalkosten zu sehen.

Alles in allem lässt die Betrachtung des GuV-Kontos auf einen wirtschaftlichen Verein schließen.

1.3 Beurteilung Wirtschaftlichkeit anhand Schreibweise, Logo, Sponsoring und Homepage

Bei der Betrachtung des Vereinsnamens fällt auf, dass die Buchstaben „R" und „B" groß geschrieben sind, was die gängige Abkürzung „RB" erklärt. Diese ist bewusst gewählt, da sofort ein Bezug zum Sponsor „Red Bull" hergestellt werden kann, der über die gleichen Anfangsbuchstaben aufweist. Hinzu kommt, dass der Name „Red Bull Leipzig" gängiger ist als der eigentliche Vereinsname. Damit wirbt der Verein indirekt schon mit dem Namen für das Produkt.

Noch auffälligere Parallelen lassen sich im Logo erkennen. Die beiden Bullen, der gelbe Punkt, sowie die Schriftart der Buchstaben „RB" sind genauso im Logo der Red Bull GmbH zu finden (Aleythe, 2014). Im Jahr 2015/2016 musste das Logo des Vereins sogar abgeändert werden, um die Lizenz für die 2. Bundesliga zu bekommen, da eine zu große Ähnlichkeit zu dem Unternehmenslogo der Red Bull GmbH bestand (Weiß, 2016).

Auch beim Sponsoring deutet alles auf einen wirtschaftlichen Verein hin. So ist die Red Bull GmbH als Hauptsponsor des Vereins beispielsweise als Trikotsponsor und auf Bandenwerbung im Stadion zu sehen. Darüber hinaus sponsert die GmbH mit ihrem Firmennamen das Stadion. Sogar in Pressekonferenz wird das „Aushängeschild" des Unternehmens, der Energy Drink, angeboten.

Zudem fällt das sich sehr stark ähnelnde Design der Homepages auf. Auf beiden findet man große Bilder, die zu Artikeln führen. Besonders auffällig ist auch, dass die Website des Vereins in manchen Sätzen sehr stark auf das Unternehmen hindeutet. So heißt es bei der Vereins-Homepage unter dem Punkt „Karriere": „Verleihen Sie Ihrer Karriere Flügel"(Scholz, 2018). Dies erinnert sofort an den bekannten Slogan: „Red Bull verleiht Flügel"(Red Bull, 2019), mit dem das Unternehmen wirbt.

Zusammenfassend lässt sich sagen, dass beim Rasenballsportverein Leipzig e.v. jeder der untersuchten Aspekte auf einen wirtschaftlichen Verein schließen lassen.

1.4 Konsequenzen

Die Selbstlosigkeit ist laut § 55 AO eine Nebenbedingung für eine Steuerbegünstigung. Im Fall des Rasenballsportvereins wäre dies nicht gegeben, da wirtschaftliche Zwecke mit dem Verein verfolgt werden. Es gibt vier Sphären, die für einen Verein steuerlich relevant sind.

In der ideellen Sphäre sind die Einnahmen von der Körperschafts-, sowie der Gewerbesteuer befreit (Jäck, 2012, S. 351). In dieser drohen also keine steuerrechtlichen Folgen. Anders sieht es jedoch in der Sphäre „Vermögensverwaltung" aus. Hier müssten für alle erzielten Einnahmen die Ertragssteuern gezahlt werden. Im Falle des RB Leipzig müssten laut § 23 Abs. 1 KStG 15% Körperschaftssteuer auf die zu versteuernden Einkünfte gezahlt werden. Ein gemeinnütziger Verein ist auch von diesen Steuern befreit (Dehesselles & Bragrock, 2012, S. 47 f.).

Der größte Schaden würde in der Sphäre des wirtschaftlichen Geschäftsbetriebs entstehen, da RB Leipzig hier rückwirkend alle erzielten Gewinne mit dem oben genannten Steuersatz versteuern müssten. Bislang konnten Gewinne bis 35.000€ brutto pro Jahr sowohl von der Körperschafts-, als auch von der Gewerbesteuer befreit werden (Dehesselles & Bragrock, 2012, S. 49 f.).

Bei einem Zweckverein allerdings müssen alle Gewinne versteuert werden, weil hier alle Gewinne in dem Tätigkeitsbereich von der Körperschafts- und Gewerbesteuer befreit sind (Jäck, 2012, S. 352). Bei einem wirtschaftlichen Verein liegt der Steuersatz bei 19%.

1.5 Zusammenfassung

Im Fall des RB Leipzig e.V. deuten sehr viele Aspekte auf einen wirtschaftlichen Verein hin. Der Getränkehersteller ist in dem Verein allgegenwärtig. Sei es im Vorstand und Ehrenrat, um Entscheidungen im Verein zu Gunsten des Unternehmens beeinflussen zu können, im Logo, im Sponsoring oder auch in der Schreibweise für die Präsenz der Marke „Red Bull". All diese Punkte lassen auf einen nicht ideellen Verein schließen.

Besonders im Fußball, bei dem Fans und Anhänger häufig Freunde von sogenannten „Traditionsvereinen" sind, könnte diese Strategie aber auch eine negative Auswirkung auf das Image des Unternehmens haben.

1.6 Strukturelle Veränderung des Rasenballsport Leipzig e.V.

14 Mitglieder des Vereins stimmten im Jahr 2014 auf einer außerordentlich einberufenen Mitgliederversammlung, für eine Ausgliederung der Profi-Mannschaft, sowie der Jugendmannschaften U16-U19 in eine Spielbetriebs GmbH (Hennig, 2014). Zusätzlich anwesend waren weitere 40 Fördermitglieder des Vereins, die jedoch kein Stimmrecht besaßen (Hennig, 2014). Fans des Vereins ist es außerdem möglich, unterschiedliche Mitgliedschaften in Bronze, Silber oder Gold zu erwerben. Ein Stimmrecht ist allerdings in keiner dieser Mitgliedschaften enthalten, dieses obliegt weiterhin ausschließlich der Mitgliederversammlung und dem Ehrenrat (Kroemer, 2015).

Der Aufsichtsrat des Vereins wurde durch einen mittelständischen Unternehmer, der ebenfalls Fan des RB Leipzig ist, auf vier Personen erweitert (Kroemer, 2015).

Gründe für die Ausgliederung waren zunächst die Professionalisierung des Vereins (Grimm, 2014), sowie eine Forderung der Deutschen Fußball-Liga (Hennig, 2014).

Hinzu kommt, dass eine Anzweiflung der Gemeinnützigkeit durch das Finanzamt für den Verein RB Leipzig drastische finanzielle Folgen gehabt hätte (Hennig, 2014). Letztendlich spielten aber auch wirtschaftliche Faktoren eine Rolle. So wurde durch die Ausgliederung die Möglichkeit geschaffen, neue Investoren für den Verein gewinnen zu können und generell einen größeren finanziellen Gestaltungsspielraum zu schaffen (Hennig, 2014).

Als Kapitalgesellschaft hat der Verein außerdem die Möglichkeit, neue Investoren und Sponsoren zu gewinnen, die dem Verein zusätzliche Einnahmen ermöglichen. So konnte man beispielsweise Sponsoren wie Nike, Volkswagen oder Porsche für den Verein gewinnen.

2 Haftung im Sport

2.1 Haftung – Teil I

In der Folgenden Auflistung der Voraussetzungen der jeweiligen Anspruchsgrundlage steht ein „+" für einen Ersatz der Kosten, ein „-" gegen einen Ersatz.

Prüfschema nach § 280 BGB.

1. Schuldverhältnis: Zuschauervertrag liegt vor (+)
2. Pflichtverletzung: Auffangnetze durch einen Vertreter des Verein unzureichend kontrolliert (+)
3. Vertreten müssen: § 280 I BGB. Kein Vorsatz, da nicht willentlich und nicht wissentlich (§ 276 BGB) (-). Aber fahrlässig durch unzureichende Kontrolle (+)
4. Kausal verursachter Schaden: Schaden entstanden durch unzureichende Kontrolle des Verantwortlichen (+)

Folgerung: Anspruch auf Schadensersatz laut § 280 BGB. In diesem Fall kann der Ersatz sogar direkt vom Verein verlangt werden, weil der Schaden durch die Verletzung eines Vorstandsmitglieds dem Verein direkt zugeordnet werden kann (§ 31 BGB).

2.2 Haftung – Teil II

In der Folgenden Auflistung der Voraussetzungen der jeweiligen Anspruchsgrundlage steht ein „+" für einen Ersatz der Kosten, ein „-" gegen einen Ersatz.

Prüfschema nach § 823 I BGB deliktische Haftung.

1. Rechtsgutsverletzung: Körperverletzung an Arthur Abraham (+)
2. Verletzungshandlung: verkehrswidriges Verhalten von Kraftfahrer Klaus (+)
3. Kausalität: kein Zurechnungszusammenhang, da keine direkte Beteiligung an der Boxveranstaltung von Klaus vorliegt (-)

Folgerung: Keine Schadensersatzforderung der Sauerland GmbH an Klaus möglich, da nicht alle Voraussetzungen erfüllt werden.

2.3   Haftung – Teil III

Prüfschema nach § 823 I BGB.

Grundsätzlich besteht keine Vertragsbeziehung zwischen den beiden Sportlern. Des Weiteren handelt es sich beim Fußball um eine Kontaktsportart. Das hat zur Folge, dass „Schmidt" eine Fahrlässigkeit oder ein vorsätzliches Verhalten nachgewiesen werden.

Allgemein gilt, dass derjenige, der fahrlässig oder vorsätzlich das Leben, den Körper, die Gesundheit, die Freiheit, das Eigentum oder ein sonstiges Rechtsgut eines anderen verletzt, dem anderen zum Ersatz des daraus entstandenen Schadens verpflichtet ist (§ 823 I BGB).

Da Schmidt fahrlässig eine Verletzung von Meier in Kauf nimmt, ist die erste Voraussetzung gegeben. Die Notwendigkeit der Grätsche ist hier nicht gegeben, da der Ball nicht in der Nähe des Geschehens war. Daraus resultiert ein bewusstes, fahrlässiges Verhalten von Schmidt. Unterstrichen wird der klare Regelverstoß durch die Konsequenz der roten Karte, die Schmidt vom Schiedsrichter gezeigt bekommt. Auf dieser Grundlage ist grundsätzlich eine Erstattung der Behandlungskosten möglich.

Da zunächst einmal eine Aussage gegen die andere steht, müssen zur Überprüfung eventuell der Spielbericht, sowie Zeugenaussagen anderer Spieler oder Zuschauer hinzugezogen werden.

3 Arbeitsrecht im Sport

3.1   Arbeitsrecht/Sozialversicherungsrecht – Fall I

Henry S. ist als Selbstständiger einzustufen. Voraussetzungen für eine Selbstständigkeit sind keine Verhaltensvorgabe in der Zeit zwischen Wettkämpfen, freie Entscheidungsmöglichkeit über die Teilnahme an diesen, sowie freie Entscheidung über die eigenen Trainingseinheiten (Wüterich & Breucker, 2006, S. 105).

In § 2 des Vertrages zwischen Henry und dem Verein heißt es, dass Henry eigenständig über die Teilnahme an Wettkämpfen entscheiden kann, womit die erste Voraussetzung erfüllt ist. Außerdem ist er frei im Hinblick auf den Ort, die Zeit und die Dauer des Trainings, was laut § 611a I BGB Voraussetzungen einer Selbstständigkeit sind. Zuletzt besteht keine Verpflichtung zur Teilnahme an Wettkämpfen, womit auch die letzte Voraussetzung erfüllt wäre.

3.2 Arbeitsrecht/Steuerrecht – Fall II

Die mündliche Vereinbarung muss als privatrechtlicher Vertrag angesehen werden. Ein zusätzlicher schriftlicher Vertrag ist für die Gültigkeit nicht nötig. Wenn man alle Vergütungen zusammenrechnet, ergibt sich außerdem ein Betrag von über 249,99€. Dieser Betrag darf nicht überschritten werden, wenn es sich um eine Aufwandsentschädigung handeln soll (Wüterich & Breuker, 2012, S. 156). Laut § 8 der Spielordnung des DFB gilt jeder Spieler als Amateur, der kein Entgelt erhält, sondern lediglich eine Aufwandsentschädigung. Da der Betrag hier als Entgelt gesehen werden muss, handelt es sich bei den Spielern um Arbeitnehmer.

3.3 Arbeitsrecht/Sozialversicherungsrecht – Fall III

Prüfung nach §611a I BGB
Es sind ein Strafenkatalog, ein Trainingslager sowie eine gewissen Trainingshäufigkeit gegeben. Das bedeutet, dass gegenüber dem HandBall e.V. eine Weisungsgebundenheit besteht. Die Durchführung und Gestaltung des Trainings obliegt alleine dem Trainer. Allerdings herrscht eine fremdbestimmte Arbeitsleistung, da sowohl Trainingszeit, als auch –ort vom Verein vorgegeben werden. Sowohl wahrend seines Urlaubs, als auch während des Krankheitsbedingten Ausfalls hat der Trainer sein Gehalt außerdem weiterhin erhalten. Außerdem verfügt Tristan über einen Firmenwagen. Tristan ist aus diesen Gründen als Arbeitnehmer einzustufen. Folglich muss der Verein die Versicherungsbeiträge des Trainers übernehmen.

4 Sponsoringvertrag

Sponsoringvertrag
Für den „Saar-LaufCup" 2019

Zwischen

der „Laufausrüter Bocholt GmbH", vertreten durch den Vorstandsvorsitzenden Daniel Meyer, Am Markt 1, 46414 Musterstadt

-nachfolgend „**Sponsor**" genannt-

und

dem „Lauftreff-Freunde Köllertal e.V.", vertreten durch die Vorstandsvorsitzende Ricarda Giesing, Musterstraße 58, 66346 Musterstadt

-nachfolgend „**Gesponserter**" genannt-

Wird der folgende Sponsoringvertrag geschlossen:

Präambel

Der Gesponserte ist ein saarländischer Leichtathletikverein, der auf nationaler Ebene sehr erfolgreich ist und sich großer Beliebtheit erfreut. Der Bekanntheitsgrad auf internationaler Ebene soll erhöht werden.

Der Sponsor vertreibt hochmoderne und funktionelle Sportbekleidung und Ausrüstung In Nordrhein-Westfalen. Mit dem Sponsoring bezweckt der Sponsor vor allem einen positiven Imagetransfer und eine Steigerung des Bekanntheitsgrades auf nationaler Ebene.

Die Parteien möchten nachfolgend die Regelungen zum Sponsoring der Veranstaltung „Saar-LaufCup" 2019 treffen. Der „Saar-LaufCup" findet vom Mai 2019 bis zum August 2019, jeweils an einem Sonntag im Monat, statt.

§ 1 Leistungen des Sponsors

A. Sachleistungen:

Der Sponsor verpflichtet sich, den Gesponserten bis spätestens zum 30.04.2019 einmalig aus dem eigenen Sortiment folgende Produkte zur Verfügung zu stellen: Drei T-Shirts pro Helfer, zwei Laufshirts und zwei Paar Socken für die Teilnehmer, Gutscheine im Wert von fünfzig Euro für die besten drei Läufer pro Laufwochenende. Die genaue Anzahl der Helfer und der Teilnehmer teilt der Gesponserte dem Sponsor bis spätestens zum 25.04.2019 mit.

B. Geldleistungen:

1. Der Sponsor verpflichtet sich, zum Zweck der Durchführung der stattfinden-Straßenlaufserie, einmalig einen Betrag in Höhe von 60.000 € an den Gesponserten zuzüglich der gesetzlichen Umsatzsteuer in der zum Zeitpunkt der Zahlung geltenden Höhe zu zahlen.

2. Die Zahlung des Gesamtbetrags hat kostenfrei auf das Konto des Gesponserten zu erfolgen.

C. Sonstige Leistungen:

1. Der Sponsor verpflichtet sich, auf seine Kosten, eine Werbekampagne für alle vier geplanten Laufveranstaltungen durchzuführen. Die Werbekampagne umfasst regionale Plakatwerbung an gemeinsam festzulegenden Orten, halbseitige 3- farbige Anzeigenwerbung in regionalen Zeitungen sowie die Erstellung der Eintrittskarten.

2. Die Gesamtkonzeption der Werbekampagne wird vom Sponsor erstellt, schriftlich festgehalten und dem Gesponserten bis spätestens zum 31.01.2019 vorgelegt.

§ 2 Leistung des Gesponserten

Der Gesponserte erbringt als Gegenleistung die nachfolgenden Leistungen:

1. Der Gesponserte räumt dem Sponsor das Recht ein, das Zielband, 4 Bannerfahnen mit der Größe von 2,5 Meter x 1 Meter in der Veranstaltungsstätte und 6 Werbebanden mit der Größe von jeweils 2,5 Meter x 10 Meter (im Schwenkbereich der Fernsehkameras) der Veranstaltung mit dem Namen und Logo des Sponsors zu versehen

2. Außerdem räumt der Gesponserte dem Sponsor das Recht ein, sich als "Offizieller Hauptsponsor" vom „Saar-LaufCup 2019", zu bezeichnen und diese Bezeichnung im Rahmen der Marktkommunikation, z.B. auf Geschäftspapieren, in Anzeigen, in Geschäftsberichten sowie in Kundenmitteilungen zu nutzen. Zur Nutzung des Vereins- bzw. Veranstaltungslogos und sonstiger offizieller Embleme ist der Sponsor ebenfalls berechtigt.

3. Nennung des Sponsors als "Offizieller Hauptsponsor der Veranstaltung" bei der Eröffnung des Events und bei der Siegerehrung

§ 3 Branchenexklusivität

Der Gesponserte sichert dem Sponsor zu, keine weiteren Sponsoringvereinbarungen mit anderen Firmen aus der Branche, bzw. dem Produktsegment des Sponsors abzuschließen.

§ 4 Leistungsstörung

1. Sollte aus Gründen, die der Gesponserte nicht zu vertreten hat, eine Leistung des Gesponserten gem. Ziff. 2 nicht oder nicht rechtzeitig erfüllt werden, so hat der Sponsor trotzdem seine Leistungen gem. Ziff. 1 vollständig zu erbringen.

2. Sollte aus Gründen, die der Sponsor nicht zu vertreten hat, eine Leistung des Sponsors gem. Ziff. 1 A oder C nicht oder nicht rechtzeitig erfüllt werden, so hat der Gesponserte trotzdem seine Leistungen gem. § 2 vollständig zu erbringen. Leistet der Sponsor die gem. Ziff. 1 B vereinbarte Zahlung nicht fristgerecht, so ist der Gesponserte ohne weitere Fristsetzung berechtigt vom Vertrag zurückzutreten und Schadensersatz zu verlangen.

3. Sollte eine der Parteien fahrlässig oder vorsätzlich, eine der unter § 1 bzw. § 2 vereinbarten Leistungen nicht oder nicht rechtzeitig erbringen, so hat die andere Partei das Recht ihre Gegenleistung solange zu verweigern, bis die vereinbarte Leistung erbracht ist oder die Leistung keinen Sinn mehr macht. Wird die Leistung endgültig nicht erbracht, so hat die andere Partei das Recht vom Vertrag zurückzutreten und Schadensersatz zu verlangen. Bereits erhaltene Leitungen sind soweit möglich zurück zu gewähren.

4. Bei teilweiser Nicht- oder teilweiser Schlechtleistung, kann die andere Partei nur Schadensersatz für die nicht bzw. schlecht erbrachte Leistung verlangen und bleibt selbst zur Leistung verpflichtet. Dies gilt nur soweit durch die fehlende oder schlechte Leistung die Durchführbarkeit des Vertrages nicht gefährdet ist.

§ 5 Haftung

1. Der Gesponserte haftet nicht für Schäden, die aufgrund Höherer Gewalt zur Undurchführbarkeit einzelner oder aller Veranstaltungen führen. Bei Undurchführbarkeit aller Veranstaltungen sind bereits erbrachte Leistungen gegenseitig zurück zu gewähren. Bei teilweiser Undurchführbarkeit erfolgt die Rückgabe nach Ende der letzten Veranstaltung anteilig nach Abrechnung. Sonstige Ansprüche sind ausgeschlossen.

2. Die Parteien haften im Übrigen nur für Schäden aufgrund grob fahrlässigem oder vorsätzlichem Handeln.

3. Die Höhe der Haftung ist beschränkt auf den üblichen, vorhersehbaren Schaden, höchstens jedoch 25.000 €. Die Haftung für reine Vermögensschäden ist ausgeschlossen.

4. Diese Haftungsbeschränkungen gelten nicht für Schäden am Körper, Leben oder der Gesundheit.

5. Da der Gesponserte an der Durchführung und Organisation der Veranstaltung nicht beteiligt ist, übernimmt er auch hierfür keine Verantwortung. Die Haftung ist insoweit auch gegenüber Dritten, insbesondere gegenüber Besuchern und Teilnehmern der gesponserten Veranstaltung ausgeschlossen.

§ 6 Zahlung

Die Zahlung gemäß § 1 B (2) ist ohne weitere Rechnungsstellung zum Fälligkeitsdatum kostenfrei auf das bei der Sparkasse Saarbrücken, Bankleitzahl 4458741121, für den Gesponserten geführte Konto des Gesponserten (IBAN: DE0342860003154810577) mit dem Betreff: „Sponsoring LaufCup 2019" zu bezahlen.
Für die Rechtzeitigkeit der Zahlung ist das Datum des Zahlungseingangs auf dem Konto des Gesponserten maßgeblich.

§ 7 Vertragsdauer, Kündigung

Der Sponsoringvertrag tritt mit Unterschrift beider Parteien in Kraft und endet mit dem Abschluss der Laufserie am 31.08.2019. Ein Recht auf fristlose Kündigung aus wichtigem Grund besteht insbesondere wenn:

1. Der Sponsor in Bezug auf seine finanzielle Verpflichtung in Verzug gerät oder eine der Vertragsparteien, die im Vertrag festgelegten wesentlichen Leistungen, trotz Mahnung nicht erbringt.

2. Die andere Partei gegen gesetzliche Vorschriften verstoßen hat, die für die Durchführung des Sponsoringvertrages von Bedeutung sind, z.B. Verstoß gegen Compliancerichtlinien.

§ 8 Schriftformklausel

Änderungen oder Ergänzungen des Sponsoringvertrages müssen schriftlich festgehalten werden. Die Parteien verpflichten sich, Änderungen in der Anschrift der anderen Partei unverzüglich schriftlich mitzuteilen.

§ 9 Schiedsgericht

Streitigkeiten im Zusammenhang mit diesem Vertrag werden durch ein außergerichtliches Schiedsgerichtsverfahren entschieden. Das Schiedsgerichtsverfahren ist von der IHK Saarland durchzuführen.

§ 10 Salvatorische Klausel

Sollte eine Bestimmung dieser Vereinbarung ganz oder teilweise unwirksam sein oder ihre Rechtswirksamkeit später verlieren, so soll hierdurch die Gültigkeit der übrigen Bestimmungen nicht berührt werden. Anstelle der unwirksamen Bestimmung gelten die gesetzlichen Vorschriften.

§ 11 Inkrafttreten

Dieser Vertrag tritt mit Unterzeichnung in Kraft.

Musterstadt, den 20.03.2019

Unterschrift   Unterschrift

Sponsor   Gesponserter

5 Steuerliche Aspekte im Sport- und Vereinsrecht

5.1   Steuerliche Sphären

Im Folgenden werden die 4 Sphären und die errechneten Beträge dargestellt.

Ideelle Sphäre:

Anzahl Mitglieder: 180

Echter Mitgliedsbeitrag: 18€

→ 180 * 18€ = 3.240€ Mitgliedsbeitrag/Monat

→ 3.240€ * 12 = 38.880€ Mitgliedsbeitrag/Jahr

Vermögensverwaltung:

Einnahmen durch Grundstücksverpachtung an Dritte: 3.500€ pro Monat

→ 3.500€ * 12 = 42.000€ pro Jahr

Zweckbetrieb:

Einnahmen aus sportlichen Veranstaltungen: 42.000€

→ Die Ideelle Sphäre, die Vermögensverwaltung sowie der Zweckbetrieb sind steuerfrei.

Wirtschaftlicher Geschäftsbetrieb:

1. Einnahmen aus der Vereinskantine: 27.000€, abzüglich 19% Umsatzsteuer. Körperschafts- und Gewerbesteuer fallen weg, da der jährliche Freibetrag von 35.000€ nicht überschritten wird.

27.000€ = 119%

5.130€ = 19%

→ 27.000€ - 5130€ = <u>21.870€</u>

2. Sponsoringeinnahmen: 45.000€

Abzüglich Kostenpauschale (85%) = 38.250€

Zu versteuerndes Einkommen: 6.750€

Abzüglich Freibetrag: 5.000€

→ 6.750€ - 5.000€ = <u>1750€</u> zu versteuernder Gewinn

Gewerbesteuer-Hebesatz = 400%

(Gewinn * 3,5% * 400%) = (1.750€ * 3,5% * 400%) = <u>245€</u>

Körperschaftssteuer (15% vom Gewinn) = <u>262,50€</u>

Jährliche ertragssteuerliche Folgen: 5.130€ + (245€ + 262,50€) = <u>5.637,50€</u>

5.2 Umsatzsteuer

Ideeller Bereich Geschäftsvorfall:

Zahlung eines Mitgliedsbeitrages per Banküberweisung. Geschäftsvorfälle im ideellen Bereich sind umsatzsteuerbefreit.

Zweckbetrieb Geschäftsvorfall:

Bareinnahmen aus dem Verkauf von Eintrittskarten für ein Spiel von dem Verein XY. Bis zu einer Einnahmenhöhe von 45.000 Euro p.a. sind Geschäftsvorfälle im Zweckbetrieb umsatzsteuerbefreit.

Vermögensverwaltung Geschäftsvorfall:

Monatliche Einnahmen aus Vermietung von Vereinsgaststätten in Höhe von 2.500 Euro auf das Bankkonto. Umsatzsteuerbefreit sind Einnahmen, wenn weitere Leistungen von nicht untergeordneter Bedeutung erbracht werden oder wenn die reine Vermögensumschichtung nicht im Mittelpunkt ist (Jäck, 2012, S. 352).

Wirtschaftlicher Geschäftsbetrieb Geschäftsvorfall:

Einnahmen aus dem Getränkeverkauf und von Speisen in Höhe von 4.000 Euro bei einem Spiel für den Verein XY. Ein Umsatzsteuersatz von 7% ist hierbei an das Finanzamt zu zahlen.

6 Literaturverzeichnis

Jäck, S. (2012). Ertragssteuern im Sport. In G. Nufer & A. Bühler (Hrsg.), *Management im Sport. Betriebswirtschaftliche Grundlagen und Anwendungen der modernen Sportökonomie* (Sportmanagement, Bd. 1,3., neu bearbeitete und erweiterte Aufl., S.342-375). Berlin: Erich Schmidt.

Hennig, J. (2014). *RB Leipzig gliedert Profis aus.* (SZ-Online) Abgerufen am 16.03.2019: Verfügbar unter https://www.sz-online.de/nachrichten/rb-leipzig-gliedertprofis-aus-2985832.html

Dehesselles, T., & Bragrock, C. (2012). Vereinsführung – Rechtliche und Steuerliche Grundlagen. In A. Galli, V. - C. Elter, R. Gömmel, W. Holzhäuser & W. Straub (Hrsg.) , *Sportmanagement. Finanzierung und Lizenzierung, Rechnungswesen, Recht und Steuern, Controlling, Personal und Organisation, Marketing und Medien* (2., völlig überarbeitete Aufl., S.38-52). München: Vahlen.

Wüterich, C., & Breucker, M. (2006). *Das Arbeitsrecht im Sport.* Stuttgart: Boorberg.

Wüterich, C., & Breucker, M. (2012). Das Arbeitsrecht im Sport. In J. Adolphsen, M.Nolte, M Lehner & M. Gerlinger (Hrsg.); *Sportrecht in der Praxis.* (Rechtswissen-schaften und Verwaltung. Handbücher, S. 145-195). Stuttgart: Kohlhammer.

Scholz, F. (2018*). Verleihen sie ihrer Karriere Flügel.* Abgerufen am 16.03.2019. Verfügbar unter https://www.dierotenbullen.com/de/klub/informationen/ueberuns. html#/jobs.

Red Bull. (2019). *Homepage.* Abgerufen am 17.03.2019. Verfügbar unter https://www.redbull.com/de-de/.

Kroemer, U. (2015). *Wolfgang Altmann neuer Funktionär RB Leipzig erweitert Aufsichtsrat .* Abgerufen am 17.03.2019. Verfügbar unter https://www.mzweb. de/sport/fussball/rb-leipzig/wolfgang-altmann-neuer-funktionaer-rb-leipzigerweitertaufsichtsrat-1162456.

Grimm, A. (2014). *Experte zur Ausgliederung von RB Leipzig in GmbH: „Ziel ist weitere Professionalisierung"*. Abgerufen am 17.03.2019. Verfügbar unter http://www.lvz.de/Sportbuzzer/RB-Leipzig/News/Experte-zur-Ausgliederungvon-RB-Leipzig-in-GmbH-Ziel-ist-weitere-Professionalisierung.

Weiß, F. (2016). *Neues RB-Logo: Erkennen Sie einen Unterschied?* Abgerufen am 18.03.2019. Verfügbar unter https://www.tz.de/sport/fussball/rb-leipzig-aendertsein-logo-zr-3587416.html.

Aleythe, S. (2014). *RB Leipzig präsentiert "neues" Logo*. Aberufen am 19.03.2019. Verfügbar unter https://www.sueddeutsche.de/sport/fussball-zweitligist-rb-leipzig-praesentiert-neues-logo-1.1975818.